Jahreswandeln

Gedichte

Ana Flor

Island-Mohn mit Schwebfliege, Norwegen

Jahreswandeln

Gedichte

Ana Flor

Bibliografische Information der Deutschen Nationalbibliothek:

Die Deutsche Nationalbibliothek verzeichnet diese Publikation in der Deutschen Nationalbibliografie; detaillierte bibliografische Daten sind im Internet über dnb.d-nb.de abrufbar.

1. Auflage 2014

Copyright © 2014 Ana Flor

Alle Rechte vorbehalten.

Das Werk darf – auch auszugsweise – nur mit Genehmigung der Autorin wiedergegeben werden.

poems@anaflor.de

www.anaflor.de

Herstellung und Verlag:

BoD – Books on Demand, Norderstedt

ISBN 978-3-7386-0219-7

Inhalt

Frühling

Hüter der Zeiten — 10
Los! — 11
Frühlingsflügel — 12
Frühlingsbann — 13
Frühlingsdepression — 14
Ungnade — 15
Frühling ist von Sinnen — 16
Erneut — 18
Befrühlingter Freudentaumel — 19
Frühling in Groningen — 20
Ankunft — 21
Fröling — 22
Frühlingsreigen — 23
Mai-Blues I — 24
Mai-Blues II — 25

Sommer

Sehr frühes Gedicht — 28
Sommerfrieden — 29
Sommergartenglück — 30
Honigsonne — 31
Vierblattklee — 32
Hymne an den Juni — 33
Juni-Julijubelei — 34
Sommerhitze — 35
Schweigend-schönes Stelldichein — 36
Spätsommerfaulheitsrapsodie — 37
Sommernachtstraum — 38
Sommerschaukel — 39
Calendula — 41

Scheinsommer	42
Sommerblues	43
Sommersterben	44
Frühes Gedicht II	45

Herbst

Ein letzter Tropfen Grün	48
Sommer ging so jäh vorbei	49
Monotonie	50
Herbstschwere	51
Fallendes Laub	52
Hagebuttenherbst	53
Apfel-Birne	54
Novembermorgen	55
Novembernacht	56
Stelldichein	57
Herbstzeitlese	58
Der Fliegenpilz	59

Winter

Winter	62
Winterliedje	63
Eingeschneit	64
Besinnung	65
Flockenwesen	66
Winterreigen	67
Winterzeilen	68
Winterwald	69
Dezemberrose	70
Engelein	71
Alle Jahre wieder	72
Ihr Lieben	73
Das Ende	74

Vorwort

Drei Dinge, die mir bereits als Kind am Herzen lagen, spielen nach wie vor eine zentrale Rolle in meinem Leben: Die Liebe zu unserer Erde, Sprachen als Tor zur Welt und das Spiel mit Worten. Ich schreibe seit meinem 10ten Lebensjahr.

Neugierde, Abenteuerlust sowie berufliche Gründe trugen und tragen mich in verschiedene Länder und Regionen. So verbrachte ich mehrere Jahre in Norwegen, Ost-Afrika, den Niederlanden und Neuseeland. Ein wesentlicher Auslöser hierfür war meine vom „Outdoor-Leben" und damit stark von der Natur geprägte Kindheit.

Vor diesem Hintergrund entstanden meine Gedichte. Sie gehören nun Ihnen. Mögen sie Ihrer Inspiration und Freude dienen.

Viele Menschen haben zum Entstehen dieses Bandes beigetragen. Ihnen allen bin ich zutiefst dankbar, doch möchte ich vier Menschen besonders erwähnen: Eki, Ute, Markus und Olli. Ohne Euch wäre es nie so weit gekommen - danke!

Ana Flor, im Oktober 2014

*Eine Mutter hat man nur einmal
(arabisches Sprichwort)

Für meine Mutter

i colori della primavera

Hüter der Zeiten

Bäume sind Hüter der Zeiten,
auf denen die Winde reiten.
Grün ist die Farbe der Erde
- auf dass es nun Frühling werde!

Los!

Märzenbecher
Kelch des Lebens
Grünende Hoffnung

Aufwachen aus dem Grau
die Luft schmeckt nach Energie
sprühende Lebensfunken
in pulsierenden Adern

freudige Spannung
weicher Atem
offener Blick

Frühlingsflügel

Zart gebiert sich der Frühling,
rekelt sich verschlafen im Wald.
Streift die Laubdecken ab
und blinzelt ins Blau.

Schreitet barfüßig dahin,
noch trunken vom Schlaf.
Berührt verspielt eine Birke
mit lächelnder Hand.

Schwebt auf leisen Flügeln
in erwartungsvolle Luft.
Wind erhebt sich säuselnd
bis ans ferne Meer.

Flüsse erklingen in Lachen.
Wälder rascheln Frohsinn.
Wiesen raunen Liebe
und begrüßen das Grün.

Frühlingsbann

Dem Totenbett des Winters
entsteigt grünzartes Neu.
Auf feinen, leisen Füßen
sucht es den alten Wald.

Kalter Wintergeist beharrt,
das Schwert grausam gezückt.
Doch durch die graue Pforte
schreitet mutig das Grün.

Die Blumenhand erhoben
erstrahlt hellweißes Licht.
Der alte Wintergreis fällt
leise lächelnd in Schlaf.

Frühlingsdepression

Frühling schreitet auf müden Füßen
über kältestarrendes Land.
Kraftlos bewegter Körper
in trauererschlafftem Geist.

Gedankenschwere Innenschau
in ausgehöhlte Tiefen.
Ausgetrockneter Lebenskelch,
die weiße Blume verwelkt.

Die leichten Träume vertrieben
durch winterkalten Wind.
Frühling trägt schwer
an den Lasten des Winters

und erbittet Urlaub.

Ungnade

Frühling verlor die Farben
auf dem Totenbett des Winters.
Verfrorenes Blau,
erstarrt in fahlem Gelb.

Verblichenes Grün,
frostkalt umklammert.
Der Märzenbecher leer
und das Wasser schwarz.

Bleich gibt sich die Sonne
und stark ergraut der Mond.
Mutter Erde ist müde
und Vater Himmel ratlos.

Die Elemente verlassen uns.
In Ungnade gefallen.
Wir sollten uns besinnen,
bevor das Licht erlischt.

Frühling ist von Sinnen

In Furcht erstarrtes Schweigen,
gelähmter Erdenreigen.
Er will sich nicht erheben
zu neuem, lichtem Leben.

Gedankenschweres Schreiten,
statt freudenvolles Gleiten.
Bleischwer verklebtes Dümpeln
auf tief geschwärzten Tümpeln.

Es will ihm nicht gelingen,
das leichte Flügelschwingen.
Die Freude will nicht keimen,
kein Blütenwort sich reimen.

Frühling verlor die Farben
und auf der Erde darben
die Lebewesen freudlos
auf fahlem grauen Eismoos.

Frühling

Der Frühling ist von Sinnen,
er weiß nichts von Beginnen.
Im Winterwald verloren,
die Seele eingefroren.

Bebend vor stillem Weinen,
verlassen von den Beinen
kauert er ohne Leben
und Mut sich zu erheben.

Doch dann ein leichtes Wehen,
aus Ahnen wird Verstehen.
Er taucht in warme Fluten
verbindet sich mit guten

Glücksgeistern dieser Erde
auf dass es Frühling werde!

erneut

blumen öffnen herzen
und augen werden weit
die äcker schimmern grün
natur und mensch bereit

blauer lebensvogel
gleitet froh durch die luft
tanzt den lebensreigen
in licht und blumenduft

Frühling

befrühlingter freudentaumel

gespinnbeinter blatterbsenzwerg
morgenbetaute rosenknospe
windgaukelnder gelbflatterling
im frühlingsbehauchten
grüngartenzauber

grünstängelschießendes pflanzengerank
laubfingertrotzender
pflaumenbaumzweig
rosablickende clematiselfe
in geißblattumrankter duftumneblung

violettbeblütetes immergrün
freudenschaukelndes astgewippe
vogelschwere federlast
vor blauunterlegter frühlingskulisse

zartbekätzter weidenmann
flaumbeblätterte fingerhutfrau
freudengetanzter tausendblattrausch
in hochbejubeltem lebenstaumel

Frühling in Groningen

Alles ist so anders
- nun, da du gekommen bist.
Endlich.
Alles ist umwoben
von deinem zarten Schleier.
Geräusche dringen herauf
durch das weitoffene Fenster.
Stimmen, ein Pfeifen, Fahrräder,
ein Glockenschlag,
Vogelgezwitscher.

Alles ist so anders.
Blumenduft.
Fröhlichkeit.
Lebensenergie.
Mein Blut beginnt zu pulsieren,
durchfließt meinen Körper.
Ein roter warmer Strom
voll Energie und
Lust auf Leben.
Frühling.
Frühling in Groningen.

ankunft

heute zog der frühling ein
mit seinem grünen bündel
fand nun doch den weg zu uns
und ist geneigt zu bleiben

noch ein wenig ausgezehrt
und bleich vom langen gehen
doch in ein paar momenten schon
wird sich der wandel zeigen

hier ein leichter blumengruß
dort eine sonnenweise
die wiesen barfüßig geküsst
den dicken baum umarmt

so sehen wir ihn tanzen
den frohen frühlingsboten
erlösung bringt er, frieden
und gründurchwebtes strahlen

es war ein langes warten
in bangen kalten nächten
der hoffnung goldne kelche
von fingern klamm umfasst

an diesem morgen endlich
erstrahlte goldnes blau
vor offnen fensterflügeln
tanzt sanft gestimmt der wind

fröling

nu is dat weer sowiet
nu is dat weer de tied
van gröön un bunte blomen
un bunte frölingsdromen

door schaukelt jo een hummel
un dat met laut gebrummel
door singt mitmol de kuckuck
verdrievt de ole eisspuk

vöör de döör blots leven
ik bün heel sacht an't beben
an't flöten un an't singen
sei bloots de gode dingen

allns is met'n mool weer schöön
licht, warm, bont un lecker gröön
dat kole liggt nu achter mi
de fröling steit nu vis a vis!

Frühlingsreigen

Mit Feuer Licht weben.
Den Frühling begrüßen.
Entfacht wird das Leben
mit tanzenden Füßen.

Das Leben will sprießen.
Ein buntgrüner Drachen.
Und wir es begießen
mit helllichtem Lachen.

Was gibt es Schöneres als das Frühlingserwachen mit einem Feuer zu begrüßen. Es war ein verzauberter Abend, an dem die Sonne als riesiger Feuerball zwischen noch kahlen Eichen versank und uns zum Geleit durch die Nacht ein riesiges Sternenzelt schenkte.

mai-blues I

stiller abend, trompetenklänge
keine pflicht und keine zwänge
sich nur einfach treiben lassen
den moment im herz erfassen

es ist zwar bitterkalt für mai
und der ist auch schon bald vorbei
doch haben wir es lecker warm
wenn wir kuscheln - arm in arm

so machen wir das beste draus
und hängen tagelang im haus
es wird schon wieder besser werden
hoffnung stirbt zuletzt auf erden

mai-blues II

draußen ist es wieder grau
kalter wind statt frühlingsblau
es ist zudem auch viel zu nass
und vor dem haus, da schießt das gras

bald wird's mir aber echt zu bunt
zu wenig licht ist ungesund
zu wenig luft macht depressiv
jeden tag derselbe mief

da kann einem der hut hochgehn
will endlich wieder sonne sehn
und in meinem garten sitzen
bei blumenduft und mächtig schwitzen

so dacht ich mir das leben hier
doch dieser traum bleibt wohl papier
welches bekanntlich geduldig bleibt
auch wenn man noch so viel drauf schreibt!

SOMMER

Sehr frühes Gedicht

stet auf ihr Kinderlein,
Die Sonn scheint ins
Fenster rin.
Ziet Euch an.
Wir Wolenspielen
Wir spilen im Sonnen
schin.

Sommerfrieden

In der Luft liegt
Sommerfrieden
wie in der Kinderzeit
die Bäume raunen Worte
und Blumenduft beruhigt

freies, leichtes Schweben
gleiten durch Raum und Zeit
nichts zählt mehr als der
Atem des Lebens
in diesem Moment

sommergartenglück

freudiges fruchtpflücken
erhebende sonnenflut
grünbeblätterte erdrübe
lebensspendendes erdengut

grünzielender gärtnerblick
fleißiges fingerzupfen
freudigwachsender pflanzenwirbel
schmatzendes raupenrupfen

grillenbezirptes spätsommerglück
hummelschwangeres blumengrüßen
lebensspendende menschenhand
klarbeblautes gartenland

honigsonne

blätterfang
im reigen des seins
seelenschlupfloch gefunden
hindurchgeschlüpft

wen haben wir denn da?
blaugetupfter hupferding
freut sich auf den neuen tanz

sommermorgenduft
lockt mit tropfenklang
und honigsonne

gestreckter flug
im funkensog
des spiralnebels

Vierblattklee

Sommersonnenblau und Wind

ein Tag wie aus dem Märchenland

ein Vierblattklee in meiner Hand

Freude wie ein Kind

Ein magischer Sommertag auf dem Land mit Freunden, vielen Kindern, Tieren, Natur pur. Alles war wie in Kindertagen. Unbeschwert. Leicht. Unbegrenzt. Wir flossen zusammen durch Zeit und Raum. Als gäbe es nur einen Atem. Nur ein großes Herz, das uns auf dessen Blutstrom durch das unendliche Grün pumpte. Wir badeten in einem der klarsten Seen, die ich in meiner Heimatgegend je gesehen habe (klein und verborgen) und krochen danach über eine saftig grüne, von Sonne überflutete Wiese und suchten Vierblattklee. Und jede – wir waren nur Frauen und Mädchen – fand eines. Es war mein Geburtstag.

Hymne an den Juni

Es ist der Juni der mich reizt,
wenn er die Rosenblätter spreizt.
Es ist der Juni, den ich mag.
Nach Rosen duftet jeder Tag.

Es ist der Fülle Junigrün,
für das die Rosen dankbar blüh'n.
Es ist der Freude pralles Blau,
rosig noch im Morgentau.

Es sind der Sonne feine Weben,
die golden durch die Lüfte schweben.
Es ist des Lebens reiner Blick,
den ich seh' im Juniglück.

Juni-Julijubelei

Musikerfüllte Juninacht
Klingendes Blumenduo
Rosenweißes Jazzquartett
Rhythmusschwangeres Schwelgen

Eingetauchter Notenschmaus
In störungsfreier Soße
Ausgehauchter Siegesschrei
In flaggenflügger Luft

Torkelnd taumelnder Junischwips
Nach durchgebangten Stunden
Durchgeglühte Asphaltdecke
Unter hoffnungsschwerem Tritt

Heimwärtseilendes Jubelgespann
Vorbeigeschlüpft an Heckenschatten
Wachgeschüttelte Samstagslaune
An julifrühem Morgen

Einige Worte deuten es an: Eine unheilvolle Situation wandte sich glücklicherweise zum Guten: Ausatmen und dicke Wackersteine in den See der Erleichterung plumpsen lassen.

Sommerhitze

Flimmernder Schimmer
alles verschmilzt
zur Unendlichkeit

fließende Landschaft
heiße Luft
flammende Weite

die Zeit steht still
und der Mensch
zerfließt

Der Alltag ist
seines Alltäglichen
enthoben

Schweigend-schönes Stelldichein

Hitze schwitzt sich selber aus
Seele ist bei sich Zuhaus
Himmel kommt sich selbst entgegen
Blumenbunt an stillen Wegen

Wörter schweigen vor sich hin
Verbeugung vor dem tiefen Sinn
Körper hört in sich hinein
Schweigend-schönes Stelldichein

Sommerbuntes Seelehupfen
Und dabei ein Schlupfloch lupfen
Fröhlich-freies Sommersein
Ich mit mir und ganz allein!

Spätsommerfaulheitsrhapsodie

Feiner, milder Sommerregen.
Sanft gesäuselte Melodie.
Keine Lust mich zu bewegen.
Spätsommerfaulheitsrhapsodie.

Träges Tröpfeln aus den Bäumen.
Seele einfach baumeln lassen.
Regenleichtes Sommerträumen
unter schweren, sommernassen

leuchtend frohen Blumenchören.
Schwereloses Sommerschweben
zwischen Düften, die betören.
Gaukelnd leichtes Leben weben.

Sommernachtstraum

Hörtest Du
diese Nacht?
Still lagen Hütte und Wald
als wir dieses kleine Paradies betraten.
Unsichtbare Energie zog uns hinein,
behütete uns.
Wir schlüpften durchs Tor ins Nichts.
Regen hing in der Luft,
umhüllte uns weich.

Fühltest Du
diese Nacht,
die uns zur Liebe rief?
Schimmernde Umarmung.
Wildes Verlangen.
Laut und innig.
Glühender Moment des Seins.

Sahst Du
diese Nacht?
Die Baumgeister wachten lächelnd
im Gras.
Kleine Wolkenkinder tanzten barfuss
über der Welt.
in atemberaubender Geschwindigkeit.
Unsere nackten Körper in
unsichtbarem Licht.

Sommer

Rochst Du
diese Nacht?
Wohlgeruch des Seins.
Meine Nase an Deiner.
Unfassbar weiche Haut.
Wilde Geborgenheit
in versunkener Natur.

Schmecktest Du
diese Nacht?
Leise beginnender Regen
auf Deinem schlanken Körper.
Zärtliche Erinnerung
an eine innige
Umarmung in
liebkosender Natur.
Sommernachtstraum.

Sommerschaukel

Denken, träumen, schaukeln,
im Meer der Sinne gaukeln.
Mit dem Leben spielen
und aus Tausenden die vielen
schönen Dinge tun
- z.B. ruh'n.

Und Sommerwind genießen,
mit Licht das Selbst begießen.
Offen in das tiefe Blaue
schauen, um genaue
Antworten zu umsegeln
und entgegen aller Regeln
sich dem Selbst ergeben
- und leben.

Calendula

himmelwärts strebende

Blütensonne

tausendfach gestrahlt

erdenglühendes Orange

Abbild des Lebens

Scheinsommer

Ein langer Scheinsommer
gleitet langsam dahin.
Zu still, denn Lebensfreude
hat Töne.

Warme Spätsommersonne.
Wicken verströmen
einen betörenden Duft
nach Sommersehnsucht,
tragen schon die Farben
des Herbstes.

Die Natur leidet
an Geräuscharmut
Die Stille wird zur Last.
Sommer stirbt zu früh,
hinterlässt eine Spur
der Wehmut.

Der Sommer war nur
ein kurzes Aufbäumen.
Ein wilder Schrei nach Leben
mit fadem Nachgeschmack.

Sommerblues

Sommer ging so jäh vorbei,
wie ein Hauch von warmem Glück.
Wieder Alltagseinerlei,
traurig bleiben wir zurück.

Schauen still zum Wolkenmeer,
wünschen uns weit fort von hier.
Käme doch der Südwind her,
stünde für den Herbst Spalier.

Gäbe uns ein bisschen Zeit
den Sommer fortzuschicken.
Langsam nur sind wir bereit
dem Herbst ein Nest zu stricken.

Meine Seele, die ist warm,
luftig auch und bunt und licht.
Hält mein Herz in ihrem Arm,
selbst der Winter stört sie nicht.

In uns allen wohnen Licht,
Schmetterlinge, Blumenduft.
Wenn der Herbst den Sommer bricht,
umhülle dich mit Seelenluft.

Sommersterben

Fünf Monate im Jahr singen die Vögel,
sieben Monate schweigen sie still.
Ein langes, banges Schweigen,
dass mich ergreifen will.

Jedes Sommersterben
ist wie ein kleiner Tod.
Leichenbleiche Farben,
angsterfülltes Rot.

Herbstbraun gefärbte Stille,
die Sonne ist umnebelt.
Wie ein gebrochner Wille,
doch aus den Sommerscherben

erwacht nach langem Darben
mit grüner Hoffnungswonne
das blaue Frühlingswerben,
ein neuer Jahresreigen.

Frühes Gedicht II

Ein letzter Tropfen Grün

Ich sauge die Landschaft
in großen Schlücken in mich auf.
Ich schlürfe
das sanfte Goldbraun
des werdenden Herbstes
aus der Luft.

Mich dürstet nach Leben.
Ich trinke mich satt
an diesem ewigen Reigen
und berausche mich
an seiner Schönheit.

Satt und zufrieden
sinke ich zurück,
einen Tropfen Grün
auf meinen Lippen.

Sommer ging so jäh vorbei

Die Stimme vom Nachbarskind
dringt in den kalten Raum.
Mitgebracht vom frischen Wind,
erst hörte ich sie kaum.

Ganz zaghaft kam sie angeweht,
von Böen jäh zerrissen.
Nun ist's, als ob es bei mir steht,
mich wärmt mit gelben Kissen.

Der Sommer ging so jäh vorbei,
der Wind hat ihn vertrieben.
Statt Sonne Alltags-Einerlei,
doch Kinderlachen ist geblieben.

Monotonie

Monotoner Regen
vertrieb das Sonnenkind.
Und auf nassen Wegen
spielt nur der kalte Wind.

Gelb ist fortgezogen.
Grau blieben wir zurück.
Wär' gern mitgeflogen
ins Land voll Sonnenglück.

herbstschwere

getrübtes himmelsblau
verzagter grillensang
fader gedankenstau
melancholie im gang

von herbst beschwerte beine
in fett getauchtes herz
schwarz getünchte steine
in grau getauchter schmerz

sommerleichtgegaukel
komm zu uns zurück
schubs die lebensschaukel
ins blumenfriedensglück

Fallendes Laub

Fallendes Laub
Fallendes Licht
Wenn sich der Morgen
Im Raureif bricht

Beginnende Kälte
Beginnendes Schweigen
Bewegung und Ruhe
Ewiger Reigen

Ruhende Erde
Ruhendes Leben
Bis sich im Frühling
Die Kräfte erheben

Hagebuttenherbst

leuchtender farbenhauch

reife blätter rieseln

wieschnee

herbstzeitlose

letzte rose

imwind

apfel-birne

apfel-birne

vom gestirne

aus dem hirne

in den bauch

Novembermorgen

Alles ist ruhig,
tiefes Schweigen.
Nur weißer Nebel
zieht durch die Luft.
Wie ein feiner Schleier
liegt Raureif auf den
kahlen Zweigen.

Die lastende Stille
des nahenden Winters
liegt über dem Land.
Bald wird sie sich
mit dem ersten Schnee
auf die frostkalte Erde senken.

Sie mit eisigen Fingern
fest umklammern,
bis erste Sonnenstrahlen das Land
aus seiner Erstarrung wecken.

Novembernacht

Wie hoch und eisig
der Mond am Himmel steht.
Die Luft ist starr.
Kein Wind raschelt im trockenen Laub.
Die Erde schweigt.

Nur ich fahre einsam durch die Nacht.
Ziehe helle Lichtbahnen
durch den wallenden Nebel.
Im fahlen Mondlicht
tanzt mein Schatten
dunkel vor mir her.

Nichts ist zu hören
als das Surren des Dynamos
und der Fahrtwind
in meinen Ohren.

Am Tag liegt die Welt
noch im goldgelben Schein
der Herbstsonne,
doch in der Nacht scheint sie
des nahenden Winters zu harren.

Stelldichein

Herbstbelaubtes Seelensein
Im sonnengleichen Kerzenschein
Hingestrecktes Stelldichein
Bei mir, mit mir, ganz allein

Herbstzeitlese

Das bleiche Licht des Herbstes
gibt der Gewissheit Kraft:
Entfaltung hat ein Ende.
Der Sommer ist geschafft.

Saftapfelrotes Reifen.
Spinnwebenglanz im Licht.
Obstpflückendes Begreifen.
Der Sommer schweigt und bricht.

Die Herbstesfülle leuchtet
aus jedem gelben Blatt.
Ich atme mich an Düften
zufrieden, froh und satt.

In allem liegt ein Strahlen
von Sattheit, reifem Glück.
Und gibt uns die Gewissheit:
Der Sommer kehrt zurück!

Der Fliegenpilz

Es war einmal ein Fliegenpilz,
der wuchs nicht auf Gras, auf
Nadelfilz,
Der wuchs nicht auf der Er-
de.
Doch es kam anders, –
denn es kamen Pferde,
und zertrampelten ihn,
den von sich eingenom-
menen – zu Erde. (Selbst
schuld.)

Winter

kleine Schneeflocken fliegen
in schwindelerregendem Tanz
vor meinem Fenster.

Der Wind heult in den Rohren
und fegt den Schnee
von den Dächern.

Unwirkliches Winterlicht.
Traumlicht.

Winterliedje

Ik kijk naar boven met een zucht,
spoedig wordt het winter.
Bladeren als gele sneeuw
vliegen door de lucht.

Adem wordt tot wolken,
vinger voelen klam.
Lekker theetje drinken,
daarbij een boterham.

Stil wordt nu de aarde,
schuilt onder witte dekens.
Rust onder bladerdekens.
Ook winter heeft zijn waarde.

Eingeschneit

Eingeschneit
und weit
entfernt
von

Hektik, Stress und Stadtgewühl
lass' ich meine Seele baumeln.

Aufgehört hat
blindes Taumeln.
Endlich wieder das Gefühl
von

Ruhe, Frieden, Stille.
Jetzt bestimmt mein eig'ner Wille
über Rhythmus, Zeit und Raum.

Zu lange wurde er verletzt.
Nun wird gelebt
und nicht gehetzt.

Schöne, leise Tage.
Willkommen ICH.

Besinnung

weiße Winterweite
eingeschneites Land
stiller Blick aus dem Fenster
auf die eigene Seele

still ergebene Baumleiber
gehüllt in zartes Weiß
lautlose Elstern
tragen die Farben der Landschaft

mit den Schneeflocken rieseln
die Gedanken
- werden leise

a t m e n

i m R h y t h m u s

d e r Z e i t l o s i g k e i t

Flockenwesen

Viele kleine Flockenwesen
rieseln schnell zur Erde
- wie eine Herde
friedlicher Tiere.

Leise, sanfte Himmelsboten
bringen weißes Winterlicht,
erinnern uns mit ihrem Strahlen
an Hoffnung, Freude, Zuversicht.

Diese frohe Flockenschar
zeigt den Weg zu stillem Glück.
Vor euch liegt ein neues Jahr
- blickt nach vorn und nicht zurück!

winterreigen

nebelschweigender winterreigen
dünnklingende schneeflockengeigen

daumendickbereifter laubbaummann
kältestarrender eisblumenbann

dunkelblauklingendes kaltluftband
frostigumklammertes zitterland

tiefdurchkühltes grauerdenschweigen
schneebelastetes zweigeneigen

frohschabendes schlittschuheisritzen
frechbereifte grasbüschelspitzen

wildwirbelndes winterweißkreisen
wonnigwarme winterwaldweisen

winterzeilen

eisblumen schreiben
ihre winterzeilen in unsere seelen
geben uns langersehnten frieden

winter haucht uns stille ein
seelenschein im kerzenlicht
widerhall im klangkanon
des herzensrhythmus

spiegelglatter menschensee
hinwendung zum sein
aufgetautes seelenallerlei
im lebenstopf gegart

harren wir der dinge
die da kommen…

Winterwald

Ich sehne mich nach weißen Bäumen,
schwer geneigten Zweigen,
die unter Schneedecken träumen.

Schnee knirscht unter Sohlen
und von der Nasenspitze tropft
verstohlen
ein wenig Nasenflüssigkeit.

Klamme Finger in den Taschen.
Hey, da steckt noch was zu naschen.
Den Bonbon lecker aufgelutscht
und dann auf winterweißem Weg
schnell nach Haus gerutscht.

Winterweiße Tage
sind so lange her,
dass ich mich langsam frage,
was los ist mit der Erde.
Gibt's keinen Winter mehr?
Auf dass es Winter werde!

dezemberrose

einsam im wind
schaukelt ein
rotbewangtes kind
auf grünem stachelstängel

es ist bizarr
das leuchtende rot
befremdlich gar
in lauer dezemberluft

Einer dieser Tage, an denen mir das ungewöhnlich milde Wetter nicht nur auffällt – das tut es sowieso immer -, sondern mich sehr nachdenklich stimmt und an die ungewisse Zukunft von uns allen, insbesondere jedoch der (noch ungeborenen) Kinder denken lässt...

Winter 71

Engelein
Und ewig singt das Engelein
mit seinem roten Mündelein
im sonnenhellen Kerzenschein.
Ach, könnt' es ewig Weihnacht' sein!

Einer dieser beschaulichen Weihnachtstage, an denen ich ganz der Einkehr fröne und mich mit mir, dem Dasein, im Hier und Jetzt versöhne. Das war nicht immer so. Viele Jahre habe ich stark mit dem Wirbel um das Fest gehadert. Das Ganze hat mich dermaßen genervt, zusammen mit dem Wetter, dass ich viele Weihnachtsfeste in anderen Gefilden gefeiert habe – entweder mit wirklicher Winterstimmung bei mindestens Minus 20 Grad und Ponyschlittenfahrt im Wolfsmantel oder in tropischen Regionen bei bis zu 40 Grad, z.B. mit einer 30 cm hohen Plastiktanne in der Serengeti.

Alle Jahre wieder

Und wieder ist ein Jahr herum.
Und wieder kommt ein Weihnachtsfest.
Und immer noch sind Menschen dumm.
Und immer kommt zum Schluss der Rest.

Und wieder wird gepackt, beschenkt.
Und wieder wird ein Baum behängt.
Und immer noch wird Fleisch gegrillt.
Und immer noch die Gier gestillt.

Und wieder kommt die Traurigkeit.
Und wieder die Verlegenheit.
Und immer noch wird weggeschaut.
Und immer mehr auf Sand gebaut.

Und wieder ist ein Fest vorbei.
Und wieder Alltagseinerlei.
Und immer noch sind wir nicht da.
Und warten auf ein neues Jahr.

Ihr Lieben,

Weihnachten steht vor der Tür,
da kann der Jesus was dafür.
Geboren in der Winterzeit,
Grog macht warm und auch schön breit.

Im Hause riechts nach Tannengrün,
gleichzeitig die Forsitien blühn.
Die Geschenke stehn bereit,
oh gnadenvolle Weihnachtszeit!

Das Ende

Das Jahr, es ist schon
ganz schön alt,
es ist fast nichts mehr dran.
Jetzt kommt nur noch
der Weihnachtsmann,
dann wird es abgeknallt.